AF227390

RECHERCHES

sur

LES SEIGNEURS

DU

VALDROME, EN DIOIS

SECONDE ÉDITION

PAR

AD. ROCHAS

VALENCE

IMPRIMERIE JULES CÉAS ET FILS.
1870.

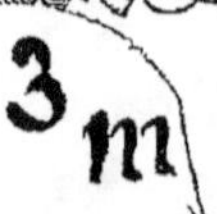

RECHERCHES

SUR

LES SEIGNEURS

DE

VALDROME, EN DIOIS

SECONDE ÉDITION

par

AD. ROCHAS.

VALENCE

IMPRIMERIE JULES CÉAS ET FILS

1870.

Ce petit travail est extrait de l'une des notices qui figureront dans le supplément de ma *Biographie du Dauphiné,* actuellement sous presse. En le détachant, par une publication anticipée, du cadre où il est placé, je dois le faire précéder de quelques observations.

Je ne me suis pas proposé d'écrire l'histoire proprement dite de Valdrôme, mais simplement de faire connaître les noms des divers seigneurs qui en ont eu successivement le fief depuis la fin du xiiie siècle jusqu'à la Révolution française. J'explique comment et par qui ont été faits les démembrements de la seigneurie, en quelles circontances et par suite´ de quels actes ils ont passé d'un seigneur à un autre ; c'est, en un mot, un côté de son histoire féodale que j'ai essayé de reconstituer.

Toutefois, le plan que je me suis tracé embrasse uniquement le territoire particulier de Valdrôme, et non la circonscription de toute la Terre telle qu'elle était sous le régime féodal. Par conséquent, je ne parle pas de ses deux principales dépendances, la Bâtie-des-Fonds et les Prés, ni des fiefs de Chamels, de Pellonenche et autres. J'ai cru aussi devoir négliger les inféodations, sans justice, de plusieurs petites pareries dont les morcellements et les fréquentes mutations m'auraient entraîné dans des complications inextricables, sans intérêt historique et capables, tout au plus, de rendre encore plus sec et plus aride un sujet qui, par sa nature même, manque déjà de mouvement et de vie.

Ainsi restreintes en ces étroites limites, mes recherches ne satisferont pas les érudits qui se complaisent dans les plus minutieux détails des choses de l'ancien temps; ils les trouveront sans doute trop incomplètes; mais elles sont suffisantes pour le but que j'ai voulu atteindre, c'est-à-dire l'éclaircissement d'un passage de l'une des notices de mon supplément.

I.

Valdrôme, autrefois Vaudrôme (*Vallis Dromæ*), est une petite commune d'un millier d'habitants, située dans l'une des contrées les plus montagneuses du Diois, à 9 lieues de Die. Sous le régime féodal, elle était le chef-lieu d'une Terre qui comprenait trois paroisses : Valdrôme, la Bâtie-des-Fonds (*Bastida Fontium*), où la Drôme prend sa source, et les Près, autrefois Prés-Chamels (*Prata Camelorum*, ou *de Camelis*). Cette Terre faisait elle-même partie d'un grand fief appelé Laval de Tourane (quelquefois Val Turenne), appartenant aux anciens comtes de Die qui le tenaient, comme le reste de leurs petits États, en franc-alleu, c'est à-dire avec un pouvoir souverain absolu.

En 1189, Isoard II, le dernier de ces comtes, étant mort sans enfants mâles, son héritage fut partagé entre Isoarde, sa fille, les Isoard, seigneurs d'Aix, et d'autres membres de sa famille. Valdrôme fut l'une des terres qui échurent à Isoarde. La suzeraineté de toute cette partie du Diois avait été donnée, en 1178, aux évêques de Die par Frédéric, empereur d'Allemagne, et ils la conservèrent malgré l'opposition du comte de Valentinois (1) qui se fit faire une donation semblable par Raymond, duc de Narbonne, en 1189. Isoarde elle-même leur rendit hommage pour tout ce qu'elle tenait de la succession de son père, en sorte que, au moment où commence ce récit, l'évêque avait la haute seigneurie, la suzeraineté ou le fief de Valdrôme, et Isoarde, la justice et le domaine utile.

Cette Isoarde s'était mariée, vers 1160, avec Raymond d'Agoult, seigneur de la vallée de Sault, et, après la mort de son père, elle lui apporta Valdrôme. Mais déjà, par suite de circonstances difficiles à déterminer, il avait été fait quelques aliénations de cette terre. Isoard 1er, aieul d'I-soarde, en avait, notamment, inféodé une portion aux barons de Meuillon, et en avait aussi donné quelque chose — peut-être à titre d'apanage — à Josserand, seigneur de Luc, son second fils, tige des deux grandes familles d'Artaud et de Montauban. Ces portions, ces *pareries,* comme on les appelait, consistaient en redevances féodales et en juridiction sur un certain nombre d'hommes ou de familles : les Meuillon et les Artaud qui les tenaient en arrière-fiefs mouvants du comte de Die, puis les d'Agoult, du chef d'Isoarde, devinrent donc, par suite des faits que je viens d'indiquer, vassaux des évêques, et leur devaient hommage.

De leur côté, ceux-ci y avaient déjà, paraît-il, outre la juridiction ecclésiastique et les dîmes, des droits de jus-tice, des censes et des fonds de terre provenant, sans doute, de libéralités pieuses.

Mais la suzeraineté, à part le droit de se faire suivre à la guerre, était quelque chose de purement honorifique. Elle ne donnait que d'assez minces profits alors que les seigneurs pariers, les Meuillon, les Artaud et les d'Agoult,

(1) Les comtes de Valentinois possédaient aux Prés le château de Peloux que les anciens hommages désignent ainsi : le *Fort*, domaine et métairie qui avait appartenu aux Peloux. Il faisait partie d'un fief appelé Pelauson que les Isoards et les Artaud tinrent longtemps en arrière-fief mouvant des comtes de Valentinois, et dont ceux-ci faisaient hommage aux Dauphins. (Inventaire de la Chambre des comptes. *Valentinois.* T.V. art. *Valdrôme)*

avaient tous les droits utiles de la seigneurie. Or, c'est de quoi les évêques s'appliquèrent à les évincer pour s'agrandir à leurs dépens, et, avec le temps et la persévérance, ils y réussirent presque entièrement, comme on le verra.

Leur premier acte de souveraineté, ou mieux, leur prise de possession de Valdrôme, date de l'épiscopat de Didier de Forcalquier. Vers 1220, cet évêque y fit rebâtir un vieux château ruiné (*Fortalitium, Bastida Vallisdromæ*) sur lequel on arbora ses étendards. Des poteaux de justice avec carcans de fer furent ensuite dressés à la porte d'entrée. D'après les usages féodaux, la possession du château et les poteaux de justice étaient les marques de la haute seigneurie (1).

En 1226, l'évêque Bertrand y fonda une commanderie de Templiers, qui avaient déjà un prieuré à Recoubeau. Il les dota richement; il leur donna toutes les églises de Valdrôme, de la Bâtie-des-Fonds et des Prés, ainsi que des fonds de terre, des dîmes, des censes et la juridiction sur 80 habitants, le tout sous la redevance annuelle de 200 setiers de froment et de blé, et de 8 sous viennois. Pour les amateurs de détails de ce genre, j'ajouterai que les dîmes étaient à raison du vingtième pour les blés, vins, légumes, agneaux et chevreaux, et du trentième pour les raisins.

Cette commanderie a laissé des souvenirs à Valdrôme et dans les environs; maints endroits y portent encore le nom des Templiers. Elle s'enrichit assez rapidement, comme le font d'ordinaire les établissements religieux. Voici quelles furent ses principales dépendances :

Le prieuré de Recoubeau dont j'ai déjà dit un mot. En 1240, l'empereur Fréderic l'augmenta d'un domaine situé sur les bords de la Drôme, et cette donation fut confirmée par Bertrand de Mison, seigneur du lieu.

---

(1) *Nouveau Mémoire pour Messire Daniel-Joseph de Cosnac... contre M. le président de Ponnat et M. de Chabons de Gallien* (sic).... page 37. (Grenoble, impr. Faure) in-fol. de 122 pages.

Au col de Cabre, le pâturage et les directes concédés par Armand et Raimbaud de Flotte, en 1254.

Au col de Menée et à Châtillon, des granges qui furent usurpées par la commanderie de Trièves, puis restituées à celle de Valdrôme en 1345.

Au Villard de Boulc, des tasques (droits sur les blés et les fruits) et des dîmes qui furent réglées par une sentence arbitrale de l'an 1320, lors d'un différend entre le commandeur et Raymond des Baux, seigneur de Boulc.

A la Caise, près de Lus-la-Croix-Haute, une maison et une chapelle détruites pendant les guerres de religion.

A Aix, à Montmaur, à Beaurières, à Saint-Dizier et à Sigottier (Hautes-Alpes), des directes.

A Die, une pension sur une maison et un jardin acquis, en 1528, d'Honoré des Herbeys, conseiller au Parlement de Gre- noble.

Lors de l'abolition de l'ordre des Templiers (1312), la commanderie de Valdrôme fut donnée aux chevaliers de Malte et devint une des dépendances du grand prieuré de Saint-Gilles. Elle fut alors affectée aux chapelains conventuels et frères servant-d'armes. Le commandeur qui était censé l'administrer, n'y venait que bien rarement et en percevait les revenus par un fermier. Ces revenus étaient estimés, en 1735, à 1,400 livres (1).

Par suite de cette fondation et de la juridiction qui y était attachée, les Templiers devinrent comme les Meuillon, les Artaud et les d'Agoult, coseigneurs pariers de Valdrôme ; mais leur juridiction fut reprise un siècle plus tard par l'un des successeurs de l'évêque Bertrand.

Ce fut Amédée de Genève, grand prélat fort soigneux de son temporel, qui commença à réduire les coseigneurs sous l'autorité de l'église.

(1) Voy. sur la commanderie de Valdrôme : Columbi. *De rebus gest. Valent. et Diens, Episc.* In-4°, p. 121; — Inventaire de la ch. des comptes, *loc. cit.* (Dénombrement fourni le 3 avril 1540 par le commandeur Antoine Granier); — Archives départementales des Bouches-du-Rhône, série H, (fonds de Saint-Gilles),

En 1254 (1), Raymond de Meuillon, au moment de quitter le monde pour entrer dans l'ordre de saint Dominique, lui fit donation de tout ce qu'il possédait à Valdrôme.

Le 17 septembre 1322, — peut être lorsque les chevaliers de Malte prirent possession de la commanderie, — l'évêque Guillaume de Roussillon modifia les conditions de la donation faite en 1226 aux Templiers. Il réduisit à 45 la pension de 200 setiers de blé qu'ils devaient à l'église de Die, et, en échange, ils abandonnèrent leur juridiction sur 80 habitants (2). Par suite de ce traité, les chevaliers cessèrent d'être coseigneurs de Valdrôme, où ils sont restés jusqu'à la Révolution à titre de simples possesseurs de fief. Ils y conservèrent le droit de patronage, c'est-à-dire que lors de la vacance de la cure, ils présentaient à l'évêque un ecclésiastique de leur choix pour le remplacer.

Le 3 mars 1370, Louis de Villars conclut un échange avec Guillaume Artaud, l'un des descendants de Josserand, seigneur de Luc. Artaud lui céda tout ce qu'il avait à Valdrôme, et l'évêque lui donna la vingt-quatrième partie de sa terre de la Motte.

Cette parerie était la troisième que les évêques réunissaient à leur domaine ; il leur restait encore à acquérir la plus importante, celles des d'Agoult.

II.

Les d'Agoult, famille puissante, presque princière, qui tenait en toute souveraineté la ville d'Apt et la vallée de Sault, s'étaient aussi laissé dominer par le pouvoir épiscopal. A une époque où ils auraient pu disputer la prépondérance dans le Diois, nous avons vu Isoarde faire

(1) Je trouve cette date qui n'est pas indiquée par Columbi (*loc. cit.*, p. 127) dans le *Dict. hist. et topogr. du Dauphiné*, par Guy Allard (Mss. de la Bib. de Grenoble), T. III., art. de *Laval-Drôme*. Cet auteur dit que l'évêque *acquit* la portion des Meuillon.

(2) *Mémoire pour M*re *Daniel Joseph de Cosnac, évêque et comte de Die... contre M. le président de Ponnat...* infol de 64 pag. (Grenoble, A. Faure), pages 39 et 40.

hommage pour les biens de la succession du comte de Die son père. Il y a plus : diverses causes avaient contribué à les affaiblir dans cette partie de leurs domaines ; ce furent, notamment, les nombreux enfants laissés par Isoarde et ses petits-fils, et les fastueuses dépenses faites, en 1264, par Isnard et Fouquet d'Agoult pour suivre le comte de Provence en Italie contre Mainfroi. Leur parerie de Valdrôme était très-considérable ; elle s'étendait sur les trois paroisses de la Terre ; mais dès le xiiie siècle, pressés par les circonstances, ils en avaient inféodé plusieurs parties. L'inféodation était un moyen dont se servaient les gentilhommes pour se procurer de l'argent. Moyennant le prêt d'une somme convenue, ou une redevance annuelle, ils donnaient en fief, à charge d'hommage, le paquérage, le buchérage, un cours d'eau, le droit de bâtir un moulin, la juridiction sur une portion de territoire et même sur un ou plusieurs hommes seulement, en un mot tous les droits qu'ils avaient en leurs terres. Que de famille dont les noms pompeux n'ont pas de plus illustres origines ! Tout s'inféodait ainsi, sauf l'air et la lumière ; cet ingénieux raffinement fiscal était réservé à notre siècle.

Les d'Agoult avaient donc inféodé, avec juridiction, plusieurs portions de leur parerie de Valdrôme, et chacune d'elles formaient tout autant de petites seigneuries qui relevaient d'eux. J'en ai compté 28 d'après des hommages rendus à Isnard d'Agoult en 1365 et 1369. Quelques-unes appartenaient à des familles nobles de Valdrôme, aujourd'hui éteintes et oubliées, dont il est bon de rappeler les noms : Guillaume et Pons *Falavel*, Bernard, Jourdain et Reynaud de *Montlahuc*, Amaury et Guigues *Amalucci*, Guillaume *de Oluno*, François et Jourdain *d'Aucelon*, Isoard et François *Garel*, Philippe et Rolland de *Pierre* (1),

---

(1) Les de Pierre n'avaient que des droits féodaux à Valdrôme, mais ils étaient seigneur des Chamels, aux Prés, et cette seigneurie dont Charles de Pierre fit hommage le 11 avril 1540 (*Inv. de la Ch. des comptes*) passa ensuite aux Reynard et aux évêques.

Annet et Martin *Alsiari*, et Guillaume *Almoric*. Les autres étaient à des familles roturières (1).

Il serait sans intérêt de suivre ces vingt-huit petits fiefs entre les mains de leurs divers possesseurs, et d'entrer dans le détail si compliqué des nombreuses mutations et subdivisions qu'ils subirent. Il suffira de dire que vers la fin du XIV° siècle ils avaient été achetés, pour n'en former plus qu'un seul, par une famille étrangère au Diois, que les titres latins appellent *de Veteris* (des Vieux?). De sorte que, au moment ou nous reprenons la suite de ce récit, les évêques n'avaient plus à acquérir que la parerie des d'Agoult dont une portion était passée au *Veteris*.

Le 31 août 1433, l'évêque Jean de Poitiers et Eynard de Reynard, seigneur de Saint-Auban, achetèrent, par indivis, cette dernière portion qui comprenait : des cens, servis, bans, leydes, hommages, la chasse et les cours d'eaux, des bois, des prairies, et des pâturages, la juridiction moyenne et basse. La vente en fut faite par Raymond *de Veteris*, fils d'Antoine, au prix de 500 florins (2).

La portion qui restait aux d'Agoult appartenait, lors de cette vente, à deux frères, Raymond, seigneur de Savournon, et Louis, seigneur de Beaurières. Le 28 août 1434, ils rendirent hommage à l'évêque Jean de Poitiers, ainsi que l'avaient fait tous leurs prédécesseurs depuis le temps d'Isoarde ; puis, deux ans après, Raymond d'Agoult, l'un des deux frères, légua sa part au même évêque par testament du 22 février 1436 (3).

En résumant ces derniers actes, on voit que la seigneurie

<hr>

(1) *Cartularium notarum receptarum per me Rostagnum Auleandi, notarium terrerium nob. Isnardi de Agouto* (Ms. du cab. de M. Morin-Pons)—*Mémoire pour messire Daniel Joseph de Cosnac...* (deja cité) pag. 50 et suiv. — *Avertissement pour messire Joseph de Galien de Chabons... contre messire Daniel-Joseph de Cosnac....* in fol. de 104 pag. (Grenoble, P. Faure) pag. 33 et suiv.

(2) *Réponse pour messire Jean François de Ponnat...* à *l'avertissement imprimé de messire Joseph de Galien de Chabons..* in fol. de 98 pag. (Grenoble, Ve Giroud) page 22.

(3) *Réponse pour messire Jean-François de Ponnat* (déjà cité), page 3.

de Valdrôme, à l'époque où nous sommes arrivés, était tenue de la manière suivante :

1° Par les évêques de Die, pour la haute seigneurie et les diverses portions dont j'ai indiqué les acquisitions successives;

2° Par les Reynard, comme acquéreurs, de la moitié de la parerie des *Veteris*;

3° Par Louis d'Agoult, pour une moitié de portion, l'autre ayant été léguée à l'évêque par son frère.

Je dirai plus loin quelle fut la destinée de la parerie des Reynard; il nous faut d'abord continuer à suivre celle des d'Agoult.

Cette parerie consistait principalement en droits seigneuriaux sur la Bâtie-des-Fonds et les Prés; elle était de peu d'importance quant à Valdrôme; cependant elle y emportait juridiction. Les descendants de Louis d'Agoult la conservèrent jusqu'à la fin du xvie siècle; mais à cette époque, François-Louis, comte de Sault, étant mort, laissant des enfants en bas-âge et une succession embarrassée, il y eut une assemblée de famille dans laquelle il fut décidé que ses biens du Diois seraient vendus. En conséquence, par acte du 19 août 1603, Chrétienne d'Aguerre, sa veuve, vendit à Pierre d'Armand, baron de Lus, la terre de Beaurières et tout ce qu'il avait à Valdrôme et dans la vallée.

Pierre d'Armand eut un fils, nommé aussi Pierre, qui lui succéda. Mais celui-ci n'était pas ménager de son bien et il s'endetta au point que ses propriétés furent saisies et vendues aux enchères. Le marquis de Jarente, son principal créancier, qui avait fait opérer la saisie, s'en rendit adjudicataire en 1660, et devint ainsi coseigneur de Valdrôme.

La famille de Jarente était de Provence et récemment établie dans le Diois. Une de ses branches ayant eu, par alliance, la terre d'Orgeval, près de Poissy, elle s'y fixa (1)

(1) Une autre branche restée en Dauphiné posséda la baronnie de Lus jusqu'en 1789.

et la coseigneurie de Valdrôme fut alors revendue (1675)
à Gaspard de Ponnat, conseiller au Parlement de Grenoble,
dans la famille de qui elle resta jusqu'à la Révolution.

J'aurai, plus loin, occasion de dire un mot des Ponnat ;
je reviens à la parerie des Reynard dont l'histoire va désormais se poursuivre sans nouvelles interruptions.

III.

La famille Reynard, ou Renard, était l'une des plus
anciennes et des plus distinguées du Diois. Dans un factum publié vers 1600 par un Pierre de Reynard contre
uu chanoine nommé Jean de Vausserre au sujet de censes
sur deux maisons du quartier du Serre, à Die, on lit que
les Reynard remontaient à l'an 1120. A cette prétention
fort exagérée, l'avocat de Jean de Vausserre répond comme
il suit : « Pour ce qui est de l'antiquité de vostre race, je
crois, de bon compte, qu'il convient la raccourcir de plus
de 150 ans et la reporter à l'an 1298, ce qui est déjà luy
faire assez bonne mesure. Nous lisons, en effet, dans les
auteurs qu'à ceste époque un Aymar Reynard eut l'honneur de recevoir dans sa maison de Die le Daulphin
Humbert Ier qui y signa un traité d'alliance avec Artaud de
Rossillon. Or, tout porte à croire que vostre noblesse prit
naissance en ceste occasion, le prince aiant voulu anoblir
son hôte, tant en mémoire de l'hospitalité que pour qu'on
ne dît pas qu'il avoit couché dans le lit d'un manant.
C'étoient façons gracieuses des princes de ce temps-là,
tout comme aujourd'huy, en de telles occasions, ils distribuent les croix de leurs ordres. » (1)

Je laisse de côté cette question de généalogie. Les

(1) *Réponse de messire Jean de Vausserre... aux calomnies et autres
faussetez arguées ès mémoire de Monsieur de Renard*, page 4. (Grenoble,
Verdier), in-fol. de 14 pag. C'est une réponse au factum suivant : *Mémoire pour noble et puissant Sgr. Pierre de Reynard, contre Messire
Jean de Vausserre, chanoine de la cathédrale N.-D. de Dye, où est
amplement réputé le faux acte d'hommage qu'il invocque* (S. l. ni d.)
in-4° de 7 pages.

Reynard possédaient à Valdrôme, bien avant l'acte de 1433, de grands biens provenant des Bontoux, des Milon, des de Pierre et autres anciennes familles du pays, et même, paraît-il, de celle de Beauvoir. L'acquisition de la parerie des *Veteris* faite, on se le rappelle, par indivis avec l'un des évêques, les mettait sur un certain pied d'égalité avec ces derniers. Comme seigneurs pariers, ils avaient des droits de justice avec châtelain, juge et greffier pour les exercer, et, plus d'une fois, ils permirent à leurs agents de traiter avec une extrême sans façon ceux de l'église de Die. Il vint même une époque où leur autorité remplaça tout à fait celle des évêques, et où ils furent les seuls maîtres dans Valdrôme. Je veux parler de l'introduction de la réforme et et des guerres de religion.

Qu'on me permette à cet égard une courte digression.

C'est un fait des plus remarquables que, en général, les localités soumises à des ecclésiastiques furent les premières à embrasser la réforme ; en changeant de religion, elles croyaient se débarrasser de leurs seigneurs. Die, ville épiscopale, siége d'un chapitre riche et puissant, donna le signal dans le Diois. Le 1er mai 1562 (ancien style), le célèbre Guillaume Farel y ayant prêché les nouvelles doctrines, le jour même, dans une assemblée générale des habitants, par le suffrage universel, la cité tout entière déclara qu'elle embrassait la réforme. Les moines eux-mêmes, Dominicains et Cordeliers, se convertirent et prêtèrent leurs églises pour l'exercice du nouveau culte. Le mouvement se propagea avec rapidité dans toutes les communautés voisines où, sans doute, les esprits étaient déjà préparés par l'active propagande de ces pioniers aventureux que les idées les plus avancées en religion et en politique rencontrent et rencontrerout toujours. Valdrôme suivit l'exemple. Le précieux document qu'on va lire jette un jour tout nouveau sur cette époque de son histoire (1).

(1) J'en tiens une copie de feu M. Fortuné de Vaugelas qui l'avait faite lui-même avec un grand soin sur l'original conservé à la Bibliothèque publique de Genève. Elle offre quelques variantes avec le texte publié dans le *Bulletin de la Société du protestantisme français*, N° du 15 novembre 1869, page 530.

« *A monsieur Colladon, ou à son absence, à monsieur
Calvin, ministre de la parolle de Dieu.* »

« Salut en Nostre Seigneur Iésus-Christ. »

« Monsieur et frère, l'occasion pour laquelle nous es-
cripvons la presente, est que ce pourteur, nommé Michel
Malsang, jadis Jacopin, preschant en habit de moyne à
Valdrôme; villaige proche de la présente cité de Die
d'enuiron six lieues, inspiré du Sainct-Esprit, delibera
laisser l'habit de moynerie, comme despuys a faict, à
tant que je me transpourtay aud. Valdrôme, pour illec
fonder esglize chrestiene, cognoissant qu'il y auoit gentz
craignantz Dieu, lesquels despuys esleurent pour leur
ministre led. Malsang comme leur estant agréable et esfant
familier auec la parolle de Dieu; de sorte que led. Malsang,
aiant disputé huict jours en presence de trois ministres
nos frères et de moy, proposa aux fins d'estre receu au
ministère de la parolle de Dieu, après ce que fort bon
rapport fust faict par l'assemblée de ses bonne vie et
conversation. Laquelle proposition faicte, fust résolu qu'il
allast estudier encores deux ou troys mois. Au moyen de
quoy, il s'en va à ces fins la hault, auec ung sien compai-
gnon nommé Gaspard Delamer, natif de Sisteron, demou-
rant pour pédagogue aud. Dye, bien modeste morigène et
de médiocre scauoir tant en lettres diuines que humaines,
qui pareillement est esleu pour ministre en l'esglize de
Chastillon, villaige proche dud. Dye de deux lieues ;
lesquelles deux esglizes de Valdrome et Chastillon enuoient
à leurs despens estudier lesd. Malsang et Delamer, lesquels
(à ce que je congnois et que m'ont promins) diligenteront
grandement à leur estude. Par quoy, vous prie en particulier, comme aussy font généralement ceulx desd. esglizes,
leur vouloir ayder et en prendre garde, mesme aux
choses qui concernent la correction et discipline scolasti-
que ; puys quand leur scauoir pourtera d'estre receuz
aud. ministère, les enuoyer de par deça le chacun respec-

tivement en son esglize et non ailleurs, attendu lad. eslection, et qu'elles entretiennent, comme sus est dict, à leurs despens, joinct une aultre raison qu'elles sont faméliques de la parolle de Dieu que, rien plus, comme le faict le démonstre. Et en ce faisant, nous tous vous serons grandement redeuables et prierons nostre bon Dieu vous le rendre. Vous priant de saluer nos frères en mon nom et de leur recommander lesd. Malsang et Delamer, lesquels vous pourront rapporter de la prospérité de nostre esglize, et comme dernièrement nous auons célébré la Cène. Ma femme vous salue, ensemble toute nostre Ste Esglize que nous recommmandons à vos prières, et autant en sera faict de nostre part, — De Dye, le 6e Januier 1562. »

« Le tout vostre frère et humble obéissant

« *Guillaume Bermon*, ministre de la Parolle de Dieu, à Dye. »

IV.

Le voyage et les études de ce Jean Malsang,—sans doute l'un des dominicains apostats du couvent de Die,—entrepris aux frais d'une petite paroisse comme Valdrôme, témoignent de l'exaltation religieuse qui emflammait alors les esprits. Malheureusement, les choses n'y restèrent pas toujours dans le domaine des abstractions théologiques. De graves excès, — inséparables, paraît-il, de toutes grandes commotions, — y furent commis. Die leur en avait donné l'exemple. Les habitants dévastèrent le château des évêques et la commanderie; ils brûlèrent tous les titres de redevances féodales qu'ils y trouvèrent, et pendirent un malheureux nommé Boisset, père du châtelain, qui s'était rendu odieux par des prêts usuraires. Quelques temps après, ils convertirent l'église en temple et démolirent presque entièrement le château et la commanderie.

Cette ardeur se maintint avec la même violence pendant près de trois siècles. Valdrôme forma, avec les Prés et la Bâtie-des-Fonds, une petite communauté religieuse qui eut ses pasteurs particuliers dont quelques-uns jouirent d'une grande influence dans les synodes et les colloques. Je citerai, entre autres, Josué Ripert, de la famille des marquis de Monclar, et Théodore de la Faye dont le nom est cher aux bibliophiles.

La violente réaction catholique qui précéda la révocation de l'édit de Nantes, n'y apporta pas le calme ni le retour à l'antique foi. La grande majorité des habitants resta fidèle à la réforme, et quand un arrêt du Conseil d'État (6 mars 1684) y eut interdit l'exercice public et ordonné la démolition du temple, les fidèles allèrent, au péril de leur vie, prier au désert (1). La correspondance des intendants du Dauphiné mentionne un grand nombre de ces assemblées illicites tenues dans les montagnes de Valdrôme. Les plus exaltés s'y rendaient avec des armes que leur fournissait une fabrique clandestine établie à Die, et plus d'une fois ils soutinrent des luttes sanglantes contre les troupes envoyées à leur poursuite. La lettre suivante, adressée en 1765 par le sieur Hugon, notaire à Valdrôme, à M. Sibeut, subdélégué de l'intendant à Crest, permet de juger de l'état des esprits deux cents ans après le ministère de Jean Malsang (2).

« A la réception de l'honneur de la vôtre, je n'ai pas manqué de faire entendre les intentions du Roi à une grande partie des Religionnaires de ce pays, en y joignant les remontrances les plus touchantes que j'ai pu leur faire. Ils ont été consternés et dans la dernière mortification de voir que si on prive les Religionnaires de prier Dieu en commun, comme ils s'y croient indispensablement obligés par les saintes Écritures, ils ne pourront, malgré le désir sensible qu'ils ont de demeurer sous la domination de Louis le bien-aimé et Roi chéri, éviter de s'expatrier là ou la

(1) On trouvera plus loin, en appendice, le texte de cet arrêt que je crois inédit.

(2) *Mémoires, lettres des ministres concernant les religionnaires en général et, en particulier, ceux du Dauphiné* (Mss.) archives de l'Empire, K. 1230.

divine Providence les voudra conduire, ne pouvant se résoudre à abandonner le service divin. »

J'ai l'honneur d'être... *Hugon.*

A cette esquisse rapide d'une époque si fertile en événements, il faudrait ajouter plusieurs épisodes du soulèvement provoqué par Dupuy-Montbrun ; mais j'en ai dit assez pour l'objet spécial de ces recherches, et je me hâte de revenir aux Reynard.

V.

Pendant les jours les plus agités de la réformation dans le Diois, c'est-à-dire de 1562 à 1600, deux prélats s'étaient succédés sur les siéges réunis de Valence et de Die : l'éloquent Jean de Montluc, d'équivoque mémoire, et le doux Charles Gélas de Léberon. Tous deux avaient fui des diocèses où leur voix n'était plus écoutée, et étaient allés mourir au loin, l'un à Toulouse, entre les bras des Jésuites (1579), l'autre à Pavie, au milieu des savants (1600). En ce long veuvage des deux églises, l'administration du temporel avait été confiée à un grand personnage de Valence, à Barthélemi Marquet, conseiller au Parlement de Grenoble. Marquet était protestant et peu porté en faveur des catholiques qui, en 1560, avaient pendu un de ses proches pour fait de religion ; de plus, il était lié aux Reynard par des liens de parenté assez étroits.

Les Reynard eux aussi, avaient embrassé la réforme. Or, protégés par l'administrateur Marquet, leur parent, et par le gouverneur protestant du Diois, dans un petit pays tout protestant, on comprend quelle immense influence durent acquérir des seigneurs appartenant à la nouvelle religion. En l'absence des d'Agoult, restés catholiques, et des évêques, ils furent de fait, pendant plusieurs années, les seuls seigneurs de Valdrôme. Seuls ils nommèrent les juges et les châtelains, firent rendre la justice en leur nom et présidèrent les assemblées de la communauté. Comme preuve de l'autorité dont ils jouissaient, on cite ce fait que l'un d'eux, Fortunaf de Reynard, demanda et obtint, en mai 1597, — l'évêque étant alors en Italie — des lettres-patentes d'Henri IV, poitant création de foires et marchés à Valdrôme (1). Ils ne s'en tinrent pas à ces usurpations. A la faveur du gaspillage dont les biens ecclésiastiques furent l'objet avant l'arrivée de Lesdiguières aux affaires, ils perçurent et s'approprièrent des redevances de toute nature appartenant soit à l'ordre de Malte, soit aux évêques ; et même ceux-ci les accusèrent, dans des *factums* dont je parlerai tout à l'heure, de s'être fait passer des reconnaissances par des vassaux de l'église, et d'avoir employé le tout à doter leurs filles(2).

Je n'insisterai pas davantage sur ces détails. L'état de confusion et de désordre des affaires de la terre de Valdrôme ne prit fin que sous l'épiscopat de Pierre-André de Lébaron, neveu de Charles. A son avènement (1600), on fit dans les seigneuries appartenant aux deux églises des enquêtes relatives aux droits usurpés ou perdus pendant les troubles religieux. Il y eut à ce sujet un nombre presque infini de contre-enquêtes, d'expertises, de descentes de lieux et de procédures de tout genre. En ce qui concerne Valdrôme, la position des Reynard vis-à-vis des évêques fut réglée vers 1621. On leur reconnut, outre de nombreuses redevances, les droits de *haute*, basse et moyenne justice ; c'était en réalité, plus qu'ils n'avaient eu des *Veteris*.

Mais leur influence déclina à mesure que le culte catholique relevait ses autels (3) et que la terreur religieuse, comme il arrive toujours en de semblables rencontres, les

(1) *Avertissement pour Messire Joseph de Gallien de Chabons...* (déjà cité)', pages 57 et suiv.

(2) M. de Vaugelas, dont j'ai déjà parlé, qui connaissait les moindres faits relatifs à Valdrôme où il a passé la moitié de sa vie, prétendait qu'un Reynard, devenu catholique, avait fait disparaître tous les registres de la communauté, antérieurs à 1647, afin de cacher les dilapidations de ses ancêtres.

(3) Je ne parle ici que de la branche des Reynard de Saint-Auban.

rendait suspects et éloignait d'eux les peureux et les sots. Une autre cause, celle-là toute domestique, vint aussi hâter leur décadence. Plusieurs d'entre eux eurent trop d'enfants. On cite notamment deux Reynard qui avaient, outre les garçons, l'un 16, l'autre 18 filles. Les embarras intérieurs résultant de cette fécondité exagérée les força d'affranchir, à prix d'argent, plusieurs de leurs vassaux de Valdrôme. De chute en chute, ils finirent par abjurer vers 1660, et l'ont vit alors un Hercule Fortunat de Reynard, se qualifiant pompeusement seigneur de Saint-Auban, Valdrôme et autres places, solliciter humblement les fonctions d'avocat patrimonial et procureur fiscal de Gabriel de Cosnac, évêque de Die. Au commencement du xviiie siècle, cette branche était tout-à-fait tombée et réduite à trois enfants, Henry, Antoine et Isabeau. Les deux frères se firent prêtres, furent curés aux environs de Die, et devinrent par la suite chanoines de la cathédrale. Quant à Isabeau, leur sœur, elle était en curatelle en 1706, et se maria dans la famille de Gallien de Chabons, à qui elle apporta la terre de Saint-Auban et sa part de Valdrôme.

VI.

Les trois coseigneurs qui tenaient alors Valdrôme, l'évêque, MM. de Ponnat et de Chabons, vécurent d'abord ensemble en fort bonne intelligence; mais il se brouillèrent en 1715 à propos d'une assez misérable question, à savoir si M. Jean François de Ponnat avait le droit de faire porter à son garde-chasse une bandoulière à ses armes. Très légère à son début, la querelle s'envenima ; MM. de Ponnat et de Chabons contestèrent à l'évêque la directe universelle ; l'évêque, de son côté, prétendit que leurs pareries étaient des inféodations faites par ses prédécesseurs; bref, les choses en vinrent au point qu'il en résulta un gros et magnifique procès que les gens de loi eurent l'habileté de faire durer près de 50 ans. Cette longue instance ne modifia en rien l'état de la seigneurie de Valdrôme ; je la rappelle parce quelle donna l'occasion à ces messieurs de publier, à Grenoble, chez Faure et la veuve Giroud, une douzaine de factums in-folio dont la collection est difficile à réunir, et que je recommande à l'attention des bibliophiles dauphinois (1). Ce sont là, peut-être, les seuls documents imprimés qui existent sur Valdrôme. J'ai eu la patience de les lire tous, et j'y ai puisé les principaux éléments de mon travail ; mais au milieu du fatras accumulé par les avocats, de leurs discussions sans fin pour embrouiller les questions, il est difficile de se faire une idée nette des droits de chacun des trois coseigneurs, et de la manière dont les affaires étaient administrées. Voici ce que j'y ai pu trouver de plus clair.

L'évêque, MM. de Chabons et de Ponnat étaient tous les trois seigneurs haut-justiciers et, à ce point de vue, sur le pied de l'égalité (*condomini parerii*). Mais l'évêque, comme suzerain ou seigneur majeur, avait droit à l'hommage des deux autres, et tirait de ce droit une supériorité dans l'administration de la justice. Tous les trois avaient un juge et un greffier ; celui de l'évêque s'appelait juge-mage (anciennement juge-d'appeaux). Les uns et les autres étaient ordinairement choisis parmi les avocats les plus distingués de la cour de Die, et institués par des provisions spéciales de leurs seigneurs, lesquelles devaient être insinuées dans leurs registres d'audience et dans ceux du juge-mage (2). Chacun d'eux rendait la justice au nom de son seigneur ; il connaissait de toutes causes civiles et de tous délits commis dans l'étendue de sa seigneurie. Dans certains cas, que je ne prétends pas déterminer, les parties pouvaient en appeler au juge-mage. Les causes criminelles ressortissaient toutes à ce dernier ; lui seul avait le droit de faire des ordonnances générales de police. A ce point de vue, la justice de l'évêque était *immédiate* sur tout le territoire de Valdrôme. Les trois juges agissaient donc séparément dans la limite de leurs ressorts ; mais il y avait des cas où ils le faisaient conjointement :

(1) J'ai donné les titres de quelques-uns dans les notes qui précèdent.
(2) Voy. ci-après un specimen de ces provisions.

3

c'était pour les assises annuelles, qu'ils présidaient ensemble et en même temps. Le juge-mage faisait connaître aux habitants le jour d'ouverture de ces assises par un crieur public assisté de son greffier. — Les trois coseigneurs nommaient aussi des châtelains dont les attributions sont mal déterminées pour Valdrôme. Il me paraît qu'ils avaient le pouvoir exécutif dans la seigneurie; ainsi, ils faisaient exécuter les ordonnances et les jugements, veillaient à la perception des droits seigneuriaux et des tailles, marquaient les poids et mesures aux armes de leur seigneur, conduisaient les vassaux aux corvées, etc., etc. Leurs principales fonctions étaient de présider — et tous les trois ensemble — les assemblées de la communauté. — Enfin, il y avait encore trois autres officiers subalternes qui constituaient toute la force armée dont pouvait disposer le châtelain, le bannier (garde champêtre) le garde chasse et le garde bois. Les fonctions rivales et souvent simultanées de ces divers officiers donnaient lieu à chaque instant à des conflits de juridiction dont on trouve de nombreux exemples dans les *factums* où je puise ces détails, mais qu'il serait sans intérêt de rapporter.

VII.

Je touche à la fin de ces recherches, où je me suis peut-être trop souvent laissé attarder par le charme des vieux souvenirs. Il ne me reste plus qu'un dernier changement de seigneur à mentionner.

J'ai dit que les Gallien de Chabons avaient eu, par alliance, les biens des Reynard à Valdrôme. Cette parerie, dont une portion appartenait en 1750 à un chanoine de Die, fut alors vendue à François Chevandier, qui était châtelain épiscopal de la Terre depuis 1735.

D'après leurs traditions domestiques, le nom primitif des Chevandier était *Calandieri*, et ils seraient issus des Chalandière, famille noble fort ancienne, établie en Savoie

et à Crolles, en Dauphiné (1). La branche de Savoie portait *d'azur à la croix d'argent;* celle de Crolles, *de gueules
au lion d'or regardant une étoile de même au point du
quartier senestre;* celle du Diois, *d'argent au pin de sinople, au chef d'azur chargé de trois étoiles d'or.* Le patois
a conservé des traces de cette origine; à Die on dit encore
de nos jours *Cholondier* et non *Chovondier;* or, dans le
génie particulier de cet idiome, le *v* ne se change jamais
en *l.*

Cette dernière branche a pour auteur un Calandieri, ou
Chalandière, qui prit du service dans les troupes de Lesdiguières vers la fin du xvie siècle; il se maria à Grenoble
et eut plusieurs enfants qui, par suite d'alliances, allèrent
se fixer dans les environs de Die. Pendant le xviie siècle,
on trouve divers membres de cette famille mêlés aux
affaires de Valdrôme. Je citerai, entr'autres, Pierre Chevandier, qui était châtelain épiscopal en 1691 (2).

Devenu coseigneur de Valdrôme, François Chevandier
eut, comme ses prédécesseurs, la haute, basse et moyenne
justice dans cette terre, et un juge qui la rendait en son
nom. On conserve dans les *Archives départ. de la Drôme*
(série B., art. 1235) les provisions données par lui à son
juge en 1752 (3). François-René, son fils, lui succéda et

(1) Voici quelques détails généalogiques inédits qui doivent se rapporter à l'extinction des Chalandière, de Crolles :

Noble *Balthazar* de Chalandière, colonel d'infanterie, épousa Lucrèce
Mayard, dont il eut :

1. — *Barbe,* mariée en 1704 avec Maurice do Cognoz, et qui testa, étant
veuve, le 4 septembre 1710, laissant deux enfants ;

2. — *Emerantianne,* qui épousa, aussi en 1704, le lendemain du mariage de sa sœur, Jean-Baptiste de Jouffrey, capitaine d'infanterie. Elle
testa le 19 décembre 1706 ;

3. — *Marguerite.*

Les deux contrats mentionnés ci-dessus furent passés à Crolles, en
présence de Madeleine de Chalandière, veuve de Noble François de la
Baume, *Aliàs* Audeyer de la Baume.

(2) Archives départementales de la Drôme, série B, art 1108.

(3) Vo ci le texte de ces provisions :

« Nous François Chevandier, coseigneur de la vallée de Valdrome,
y habitant, estant bien informé de la bonne vie, mœurs, age, religion

ajouta à son nom, ainsi que les usages féodaux le permet⹀
taient, celui de sa seigneurie qui, depuis lors, est resté à
ses descendants.

Gaspard-Alexis Plan des Augiers, évêque de Die, Jean-
Antoine de Ponnat et François-René Chevandier, furent les
derniers seigneurs de Valdrôme (1). La Révolution ne se
borna pas à abolir pour jamais cette seigneurie, elle persé
cuta aussi les trois coseigneurs. M. de Ponnat chercha sa
sûreté dans l'émigration; l'évêque fut jeté en prison et
mourut à Paris, en janvier 1793. Quant à François-René
Chevandier, il resta d'abord paisiblement à Valdrôme ;
mais ayant été inquiété par l'agent du district comme
ci⹀devant seigneur, il crut se faire oublier en entrant au
service. Au mois de mai 1791, il fut nommé lieutenant
dans la gendarmerie nationale, et ses anciens vassaux pour
qui il avait été bon maître, « s'empressèrent de lui en ma⹀
nifester leur joie d'une manière éclatante » (2). Il n'en fut
pas moins poursuivi par le tribunal criminel de la Drôme,
condamné à mort et exécuté à Paris en 1794. La branche
dont il était le chef a eu pour dernier représentant M. Réné
François-Alexandre Chevandier de Valdrôme, président du
tribunal de Die, qui, par l'énergie de son caractère et la
durée de ses fonctions, a laissé dans cette ville de longs
souvenirs (3).

Une autre branche, issue également du châtelain François Chevandier, avait quitté Valdrôme au siècle dernier

catholique, apostolique, expériance et capacité de Mr Me René Gache ;
avocat en la cour, habitant à Die, l'avons pourvu, comme par ces
présentes le pouryoyons, de la judicature de nos portions de la coseigneurie de Valdrôme pour en jouir, et de tous les droits, honneurs
et émoluments et prérogatives attachés à la dite charge ; mandons à
nos justiciables de le reconnaitre en la dite qualité. En foy de quoy
avons fait expédier les présentes que nous avons signées de notre
main. A Die le 18 octobre 1752. *Chevandier.*

(1) *L'almanach du Dauphiné* pour 1790 met, par erreur, les chevaliers
de Malte au nombre des Seigneurs haut justiciers. Ils étaient seigneurs
dans la terre et non *de* Valdrôme.

(2) *Affiches du Dauphiné,* N° du 22 mai 1791.

(3) Il y a une notice sur lui dans le *Biographe universel,* de Pas-
callet, XIVe Vol. T. 1, année 1847, pag. 168 et suiv.

pour s'établir en Loraine, où elle s'est élevée à la plus haute position sociale. Elle est représentée de nos jours par trois frères, dont l'un, avant d'entrer dans la carrière politique, s'était, dès longtemps, acquis une grande réputation dans le monde savant par d'importants travaux relatifs à des questions de sylviculture théorique et pratique, travaux qui l'ont fait nommer membre correspondant de l'Académie des sciences (1) : c'est M. le Ministre de l'intérieur. Il y a une dixaine d'années, pour se conformer à la loi sur les titres nobiliaires, lui et ses frères se sont pourvus en rectification d'état civil devant le tribunal de Sarrebourg, et ils ont obtenu un jugement qui les a autorisés à relever le nom de la seigneurie possédée par leur bisaïeul. Par suite de ce jugement, et depuis la mort, sans descendants, du président, leur cousin, ils sont les seuls qui aient le droit de porter le nom de De Valdrôme, et ce nom, oublié par les d'Agoult, les Chabons et les Ponnat, est aujourd'hui la seule trace, le seul souvenir qui reste de l'ancien état des choses dont je viens d'esquisser l'histoire.

(1) Plusieurs de ces travaux ont été insérés dans les *Mémoires de l'Académie des sciences.* Voy. notamment les tomes 8 et 20 (Savants étrangers), 24, 34 et 38. — Voy. aussi le mémoire intitulé : *Notice sur les travaux scientifiques de M. Eugène Chevandier.* Paris, Bachelier, 1852, in-4° de 24 pages.

(Juillet 1870.)

ARRÊT DU CONSEIL D'ÉTAT

Qui interdit l'exercice de la Religion Réformée

A VALDROME

(Archives de l'Empire, E, 1285)

VEU PAR LE ROY, estant en son Conseil, le procès verbal de partage survenu le 22 juillet 1664 entre les sieurs Bochart et Arbalestier, lors commissaires députez en Dauphiné, pour pouruoir aux entreprises, innouations et contrauentions faites à l'Edit de Nantes, à celuy de 1620 et autres édits et déclarations données en conséquence, sur l'instance meue par deuant eux auec le sindic du clergé du Dioceze de Dye, demandeur, d'une part ; Et les habitants de la Religion Prétendue Réformée du lieu de Valdrome, défendeurs, d'autre ; pour raison de l'exercice public de lad. religion aud. lieu ; l'auis du sieur Bochart portant que led. exercice doit estre interdit et le temple demoly, Et celuy dud. sieur Arbalestier, au contraire, que lesd. de la R. P. R. doiuent estre maintenus en la possession de leur exercice ; les motifs desd. sieurs commissaires, et toutes les pièces, procédures, contredits et saluations produites devant eux par les parties ; Ouy le rapport, Et tout considéré ;

LE ROY ESTANT EN SON CONSEIL, faisant droit sur ledit partage et vuidant iceluy, a interdit pour tousjours l'exercice public de lad. Religion Prétendue Réformée dans led. lieu de Valdrome, fait Sa Majesté très expresses inhibitions et défenses à toutes personnes de l'y faire à l'aduenir sur peine de désobéissance ; Ordonne à cette fin que ce temple qui y est construict sera demoly jusques aux fondements par lesd. de la R. P. R. dans deux mois du jour de la signification du présent arrest, Et à faute de ce faire led. temps passé, permet Sa Majesté au sindic du clergé du Dioceze de Dye de faire procéder à lad. démo-

lition aux frais et despens desd. de la R. P. R. dud. lieu
de Valdrome, lesquels frais seront pris par préférence
sur la vente qui sera faite des matériaux; Enjoint Sa Majesté au gouuerneur, ses lieutenans généraux en Dauphiné,
Intendant de justice et tous autres officiers qu'il appar-
tiendra d'auoir la main à l'exécution du présent arrest.

LE TELLIER

Du 6 mars 1684, à Versailles.